Verstehst du? 1

Einfache Alltagsgeschichten
für erwachsene Leseanfänger

Überarbeitete Auflage April 2018
Alle Texte und Aufgaben sind gleich geblieben.

Gisela Darrah

Zeichnungen: Daniel Neika

Herstellung und Verlag:
BoD - Books on Demand, Norderstedt
ISBN 978-3-8391-6535-5

Inhaltsverzeichnis

Der Einkauf

.... möchte Kuchen backen. Sie fährt mit dem Auto

zum Supermarkt. Dort kauft sie Mehl, Zucker und Quark.

Zu Hause macht sie einen Käsekuchen.

Ihr Mann sagt: „Mmm, das schmeckt gut. Wo ist der Kaffee?"

Steht das im Text? Markieren Sie r (richtig) oder f (falsch):

1. .... fährt mit dem Bus zum Supermarkt.   r/f

2. Sie kauft Quark.   r/f

3. Sie macht einen Schokoladenkuchen.   r/f

4. Ihr Mann möchte Kaffee.   r/f

Welche Buchstaben fehlen? Schreiben Sie:

1. Qu _ rk   2. K _ chen   3. _ ucker   4. Su _ permarkt
2.
5. Au _ o   6. M _ _ l   7. Ma _ _   8. S _ _ okolade

Schreiben Sie die Wörter wie im Beispiel:

1. Schokolade + n + Kuchen = Schokoladenkuchen

2. Käse + Kuchen = ...

3. Apfel + Kuchen = ...

4. Nuss + Kuchen = ...

Beim Arzt

……………………………… braucht eine neue Brille. Sie kann mit der alten Brille nicht mehr gut sehen. Sie macht einen Termin beim Augenarzt. Der Termin ist am Donnerstag um 15 Uhr 30. Im Wartezimmer muss die lange warten. Endlich ist sie an der Reihe. Der Arzt untersucht ihre Augen.

Sie muss zwei Wochen auf die neue Brille warten.

Steht das im Text? Markieren Sie r (richtig) oder f (falsch):

1. ……………………… kann mit der alten Brille nicht gut sehen.   r/f

2. Sie macht einen Termin um 10 Urh 30.   r/f

3. Der Arzt untersucht sie sofort.   r/f

4. Nach einer Woche hat sie die neue Brille.   r/f

Schreiben Sie die Wörter wie im Beispiel:

1. Augen + Arzt = Augenarzt

2. Frauen + Arzt = ………………………………………………

3. Haus + Arzt = ………………………………………………

4. Kinder + Arzt = ………………………………………………

5. Zahn + Arzt = ………………………………………………

Wo ist mein Handy?

.... kann sein Handy nicht finden. Er möchte seiner Frau eine SMS schreiben. Zuerst sucht er in der Jackentasche. Da ist es nicht. Vielleicht ist es im Schlafzimmer?

.... sucht auf dem Bett und auf dem Teppich. Er findet Taschentücher, eine Euro und einen Ohrring. Aber das Handy ist nicht da. Er sucht im Wohnzimmer. Da ist es auf dem Sofa unter dem Sofakissen.

Steht das im Text? Markieren Sie r (richtig) oder f (falsch):

1. .... möchte mit seinem Sohn telefonieren.   r/f

2. Er sucht in der Jackentasche.   r/f

3. Er findet das Handy im Schlafzimmer.   r/f

4. Er sucht im Bad.   r/f

5. Das Handy ist im Wohnzimmer.   r/f

Welche Buchstaben fehlen?

1. Hand _   2. Schlafzimm _ _   3. W _ _ nzimmer   4. Ja _ _ e

5. Be _ _   6. Sofak _ _ _ en   7. Ohrri _ _ e   8. Te _ _ ich   9. B _ tt

Was passt zusammen? Schreiben Sie Wörter:

Jacken-   Sofa-   Wohn-   Schlaf-   Hosen-   Ohr-   -tasche

-tasche   -zimmer   -zimmer   -kissen   -ring

Die Waschmaschine ist kaputt

.... will Wäsche waschen. Viele Pullis und Blusen sind schmutzig. Sie schaltet die Waschmaschine an. Aber die Maschine geht nicht. Was ist los?

.... ruft im Elektrogeschäft an. Sie sagt: „Bitte kommen Sie schnell!" Zwei Tage später kommen zwei Männer. Sie reparieren die Waschmaschine. .... kann jetzt wieder waschen. Die Reparatur kostet 85 Euro.

Steht das im Text? Markieren Sie r (richtig) oder f (falsch):

1. .... will Wäsche waschen.   r/f

2. Viele Hosen sind schmutzig.   r/f

3. .... schaltet das Radio an.   r/f

4. .... ruft im Elektrogeschäft an.   r/f

5. Am gleichen Tag kommen zwei Männer.   r/f

6. Die Männer können die Maschine nicht reparieren.   r/f

7. Die Reparatur ist kostenlos.   r/f

8. Die Reparatur kostet 185 Euro.   r/f

9. .... kann wieder Wäsche waschen.   r/f

Familie Gabel

Manuela und Torsten Gabel haben zwei Kinder. Sie heißen Eva und Anna. Sie sind 10 Jahre alt, sie sind Zwillinge. Sie gehen in die Schule. Die Schule beginnt um acht Uhr. Torsten ist Maler von Beruf. Er geht um sechs Uhr zur Arbeit. Manuela ist zu Hause. Sie kocht und macht das Haus sauber.

Steht das im Text? Markieren Sie r (richtig) oder f (falsch):

1. Manuela und Torsten haben drei Kinder.   r / f

2. Die Kinder sind acht Jahre alt.   r / f

3. Die Schule beginnt um 10 Uhr.   r / f

4. Manuela arbeitet zu Hause.   r / f

5. Torsten ist Maler.   r / f

Schreiben Sie die Verben mit der richtigen Endung:

1. kochen: Manuela koch**t**.

2. beginnen: Die Schule ....

3. arbeiten: Manuela ....

4. gehen: Torsten ....

Das Wochenende

Am Samstag gehe ich einkaufen. Ich mache das Haus sauber und wasche. Am Sonntag haben wir oft Besuch. Da koche ich viel und backe auch Kuchen. Wir trinken Tee mit viel Zucker. Am Sonntagabend muss ich die Teller und Tassen spülen.

Steht das im Text? Markieren Sie r (richtig) oder f (falsch):

1. Am Freitag gehe ich einkaufen.   r/f

2. Am Sonntag haben wir oft Besuch.   r/f

3. Am Sonntagabend mache ich das Haus sauber.   r/f

4. Wir trinken Tee ohne Zucker.   r/f

Schreiben Sie die Wochentage in der richtigen Reihenfolge:

Dienstag, Freitag, Sonntag, Montag, Mittwoch, Samstag, Donnerstag

……………………………………………………………………………………………

……………………………………………………………………………………………

……………………………………………………………………………………………

Wie trinken Sie den Tee? (mit Zucker – ohne Zucker)

Ich trinke den Tee ………………………………………………………………

Trinken Sie lieber Tee oder Kaffee?

Ich trinke lieber ……………………………………………

Es regnet

Heute regnet es. .... hat einen Schirm mit. Er

spannt den Schirm auf und geht zum Bahnhof.

.... fährt mit dem Zug zur Arbeit. Er arbeitet in

Köln. Er ist noch müde. Im Zug schläft er noch ein bisschen.

Der Lautsprecher sagt: „Nächster Halt: Köln Hauptbahnhof."

Schnell steigt er aus.

Aber wo ist der Schirm? Oje! Er hat den Schirm im Zug vergessen.

Steht das im Text? Markieren Sie r (richtig) oder f (falsch):

1. .... hat einen Schirm mit.   r / f

2. .... läuft zur Arbeit   r / f

3. Er arbeitet in Mainz.   r / f

4. Er steigt mit dem Schirm aus.   r / f

5. Er hat den Schirm zu Hause vergessen.   r / f

Erzählen Sie:

Was haben Sie schon mal vergessen?

Wann treffen wir uns?

.... und .... sind Freundinnen. Sie wollen zusammen einkaufen gehen. Sie möchten ein Geschenk für

.... kaufen, weil sie Geburtstag hat.

.... sagt: „Wann treffen wir uns?"

.... sagt: „Wir treffen uns um 15 Uhr im Kaufhaus.

.... sagt: „Ja, gut. Ich bin dann um drei am

Eingang. Dann können wir zusammen das Geschenk kaufen."

Steht das im Text? Markieren Sie r (richtig) oder f (falsch):

1. .... will allein einkaufen gehen.   r / f

2. Sie möchten ein Geschenk für ....

   kaufen, weil sie heiratet.   r / f

3. .... sagt:

  „ Wir treffen uns um 15 Uhr im Kino."   r / f

4. Sie treffen sich am Eingang.   r / f

5. Sie treffen sich um 16 Uhr.   r / f

Wie sagt man in der Alltagssprache?

15 Uhr – drei Uhr   16 Uhr - ....

17 Uhr - ....   18 Uhr - ....

Das neue Auto

Wir haben ein neues Auto. Wir haben es heute gekauft. Es ist toll. Das Wetter ist gut. .... und .... kommen auch mit, sie sind unsere Freunde. Die Großmutter kommt auch mit. Wir fahren zusammen nach Heidelberg. Wir essen Salat und trinken Cola. Um neun Uhr sind wir wieder da.

Steht das im Text? Markieren Sie r (richtig) oder f (falsch):

1. Wir fahren zusammen nach Heidelberg.   r/f

2. Der Großvater kommt auch mit.   r/f

3. Wir essen Salat.   r/f

4. Wir trinken Wein.   r/f

5. Um sieben Uhr sind wir wieder da.   r/f

Markieren Sie die Wörter mit ei, ie, eu und au in verschiedenen Farben:

Heidelberg   sieben   heute   Wein   wieder

neu   Auto   weiß   Haus   viel   weiter

kein   klein   nie   Maus   teuer   Deutsch

Freunde   neun   Liebe   aus   nein   laut

Familie Yilderim

Ali und Sakine Yilderim kommen aus der Türkei. Ali ist 47 Jahre alt.

Sakine ist 42. Sie haben fünf Kinder, zwei Mädchen und drei Jungen.

Alle Kinder gehen in die Schule. Jeden Morgen gehen sie um acht Uhr

in die Schule.

Ali ist Busfahrer, Sakine ist Hausfrau. Im Sommer fahren sie in die

Türkei.

Steht das im Text? Markieren Sie r (richtig) oder f (falsch):

1. Ali Yilderim ist 42 Jahre alt.   r/f

2. Sakine ist Busfahrerin.   r/f

3. Sie haben fünf Kinder.   r/f

4. Jeden Morgen gehen sie um 9 Uhr zur Schule.   r/f

5. Im Sommer fahren sie nach Holland.   r/f

Schreiben Sie die Zahlen in Worten:

2 zwei   5 ....   7 ....

8 ....   10 ....   3 ....

11 ....   4 ....   20 ....

14 ....

Die Sonne scheint

Heute ist ein schöner Tag. Alles ist hell und die Sonne scheint.

1. .... möchte Fahrrad fahren. Sie holt das Rad

   aus dem Keller und fährt zum Fluss.

2. .... möchte spazieren gehen. Sie ruft ihre

   Freundin an. Sie treffen sich in der Stadt im Café.

3. Die Kinder möchten Ball spielen. Sie gehen zum Spielplatz.

4. .... möchte in der Sonne sitzen. Sie geht in den

   Park und sucht sich eine Bank in der Sonne.

Steht das im Text? Markieren Sie r (richtig) oder f (falsch):

1. Heute ist es dunkel.   r/f

2. Die Sonne scheint.   r/f

3. .... fährt mit dem Rad in die Stadt.   r/f

4. .... ruft ihre Freundin an.   r/f

5. Die Kinder möchten mit Puppen spielen.   r/f

6. .... möchte in der Sonne sitzen.   r/f

7. Die Kinder gehen zum Spielplatz.   r/f

Wo ist das Geld?

.... sucht sein Geld. Er hatte gestern noch 100 Euro.

Aber wo ist es heute? Er sucht in seiner Jacke. Nichts. Er sucht im

Schrank. Nichts. Er sucht in den Hosentaschen. Aber gestern hatte er

eine andere Hose an! Er fragt seine Frau: „Wo ist die Hose von

gestern?"

Seine Frau sagt: „Die Hose habe ich gewaschen. Sie hängt im Keller."

.... rennt in den Keller. In der Tasche sind 100 Euro.

Frisch gewaschen.

Steht das im Text? Markieren Sie r (richtig) oder f (falsch):

1. .... sucht 50 Euro.   r/f

2. Er findet das Geld in der Jacke.   r/f

3. Er sucht im Schrank.   r/f

4. Er hat heute die gleiche Hose an wie gestern.   r/f

5. .... geht langsam in den Keller.   r/f

6. Das Geld ist frisch gewaschen.   r/f

Erzählen Sie:

Haben Sie schon mal Geld verloren oder gefunden?

Laute Nachbarn

.... ist in der Schule müde. Er kann in der Nacht nicht gut schlafen. Seine Nachbarn lieben laute Musik. Fast jeden Tag hören sie bis drei Uhr ganz laut Musik. Alle Nachbarn können nicht gut schlafen.

Was können sie tun? Sie haben schon die Polizei gerufen. Die Polizei hat mit der Familie gesprochen. Jetzt ist die Musik ein bisschen leiser.

Steht das im Text? Markieren Sie r (richtig) oder f (falsch):

1. .... kann nachts nicht gut schlafen.   r/f

2. Seine Nachbarn hören ganz leise Musik.   r/f

3. Alle Nachbarn können nicht gut schlafen.   r/f

4. Die Polizei war da.   r/f

5. Jetzt ist die Musik ein bisschen leiser.   r/f

Wie heißt das Gegenteil?

1. laut – leise   2. groß - ....

3. Nacht - ....   4. schlecht - ....

Erzählen Sie:

Sind Ihre Nachbarn laut?

Elif macht einen Termin

Elif hat Rückenschmerzen. Sie ruft in der Praxis an. Sie sagt:

„Guten Tag, ich hätte gern einen Termin."

Die Arzthelferin sagt: „Geht es nächste Woche am Mittwoch?"

Elif sagt: „Ich habe starke Schmerzen. Ich brauche schnell einen

Termin."

„Ach, so. Dann kommen Sie heute Nachmittag. Sie müssen dann aber

noch warten.", sagt die Arzthelferin.

„Vielen Dank. Bis später.", sagt Elif.

Steht das im Text? Markieren Sie r (richtig) oder f (falsch):

1. Elif hat Bauchschmerzen.   r/f

2. Sie telefoniert mit der Praxis.   r/f

3. Die Arzthelferin möchte einen Termin für

    nächste Woche Mittwoch machen."   r/f

4. Elif sagt: „Ja, der Termin ist gut."   r/f

5. Sie kann heute kommen.   r/f

6. Sie sagt: „Vielen Dank. Bis nächste Woche."   r/f

Erzählen Sie:

Warum kann Elif heute noch kommen?

Abends in der Stadt

.... geht mit seiner Freundin in die Stadt. Sie essen in einem griechischen Restaurant. Das Essen ist lecker, der Salat ist frisch und das Fleisch ist gut. Sie trinken noch einen Kaffee. Dann gehen sie spazieren. Sie gehen am Kino vorbei.

.... fragt: „Möchtest du ins Kino gehen?"
Seine Freundin sagt: „Ach, nein, ich finde diesen Film nicht so interessant."   Also gehen sie wieder nach Hause.

Steht das im Text? Markieren Sie r (richtig) oder f (falsch):

1. .... geht mit seinem Bruder in die Stadt.   r/f

2. Sie essen in einem griechischen Restaurant.   r/f

3. Der Salat ist nicht frisch.   r/f

4. Sie trinken einen Tee.   r/f

5. Sie gehen am Kino vorbei.   r/f

6. Die Freundin findet den Film interessant.   r/f

Trennen Sie die Wörter und schreiben Sie sie ins Heft:

RestaurantFilmfrischStadtKaffeeessengriechischinteressantKinogehen
trinkenHausewiederleckerSalatFleischspazierenguttrinkenTeevorbei
sagtnichteinen

Der Garten

.... hat einen großen Garten. Im Sommer gibt

es da viel Gemüse. Da sind Tomaten, Gurken, Kopfsalat und Zwiebeln.

Die Familie kann im Garten grillen.

Es ist schön im Garten.

Steht das im Text? Markieren Sie r (richtig) oder f (falsch):

1. .... hat einen kleinen Garten.   r/f

2. Da gibt es Kartoffeln.   r/f

3. Da gibt es Tomaten.   r/f

4. Die Familie kann grillen.   r/f

Antworten Sie auf diese Fragen:

1. Wie ist der Garten? Der Garten ist ....

2. Wann gibt es Gemüse? .... gibt es im Garten

Gemüse.

3. Was kann die Familie machen?

Die Familie kann ....

Familie Klein

Gisela und Anton Klein haben drei Kinder. Gisela hat blaue Augen.

Anton hat braune Augen. Alle drei Kinder haben auch brauen Augen.

Gisela bekommt noch ein Kind. In vier Wochen kommt es. Vielleicht hat

es blaue Augen.

Steht das im Text? Markieren Sie r (richtig) oder f (falsch):

1. Gisela und Anton haben vier Kinder.   r/f

2. Anton hat blaue Augen.   r/f

3. Das Kind kommt in sechs Wochen.   r/f

4. Die Familie heißt Klein.   r/f

Setzen Sie au /Au ein und lesen Sie:

H _ _ s, M _ _ s, _ _ gen, k _ _ fen, l _ _ fen, b _ _ en, bl _ _, Fr _ _ , _ _ s

Setzen sie ei ein und lesen Sie:

f _ _ n, kl _ _ n, R _ _ se, m _ _ n, w _ _ ß, l _ _ se, _ _ n, W _ _ n

Setzen Sie ie ein und lesen Sie:

v _ _ l, v _ _ r, T _ _ r, W _ _ se, d _ _ se, B _ _ ne, W _ _ n, M _ _ te

Setzen Sie ein: au – ei – ie

bl _ _   gr _ _   v _ _ r   kl _ _ n   h _ _ ßen

_ _ gen   dr _ _   br _ _ n   v _ _ ll _ _ cht

Die Reise

Am Mittwoch machen wir eine Reise nach Berlin. Wir fahren mit dem Auto. Wir sind eine Woche bei Onkel Peter und Tante Elsa. Sie haben ein großes Haus. Wir kaufen ein Buch für Onkel Peter und Blumen für Tante Elsa. Mein Koffer ist schon voll. Das Wetter ist gut. Auf Wiedersehen!

Steht das im Text? Markieren Sie r (richtig) oder f (falsch):

1. Wir sind sieben Tage in Berlin.   r/f

2. Wir fahren mit dem Zug.   r/f

3. Onkel Peter hat ein kleines Haus.   r/f

4. Wir kaufen ein Buch für Tante Elsa.   r/f

5. Das Wetter ist gut.   r/f

Finden Sie 14 Wörter im Silbensalat:

An In On kel ka Ta Ber lin Bla kau fen den fa Tan te to tu Wet ter tir tor da Rie la Tie sa Rei se un da Au to ki ka Kof fer sau sie ben den El sa lon Pe ter Pa to Blu men Blo sa Bal da Mat Mo Mitt woch wes win fah ren ra

Schreiben Sie das Gegenteil:

1. gut – schlecht: Das Wetter ist gut. - ....

2. voll – leer: Der Koffer ist voll. - ....

3. groß – klein: Das Haus ist groß. - ....

Frau Hallo kocht nicht gern

Frau Hallo kocht nicht gern. Sie holt das Essen vom Imbiss. Die Kinder holen Pommes. Der Mann holt ein Hähnchen vom Grill. Frau Hallo hat keine Zeit zum Kochen. Am Vormittag will sie lange schlafen. Am Nachmittag kommt die Nachbarin und sie trinken Kaffee. Am Abend will sie fernsehen. Am Sonntag essen alle Döner.

Steht das im Text? Markieren Sie r (richtig) oder f (falsch):

1. Frau Hallo kocht jeden Tag.   r/f

2. Am Sonntag kocht der Mann.   r/f

3. Am Nachmittag geht sie einkaufen.   r/f

4. Am Abend will sie fernsehen.   r/f

Welche Buchstaben fehlen? Schreiben Sie:

1. Imb _ _ _   2. H _ _ nchen   3. So _ _ tag

4. eink _ _ fen   5. Vormi _ _ ag   6. Na _ _ mittag

7. Na _ _ barin   8. ferns _ _ en   9. trin _ _ n

Schreiben Sie Sätze wie im Beispiel:

1. kochen – Frau Hallo kocht.

2. kommen – Die Nachbarin ....

3. holen – Der Mann .... Hähnchen

23

Die Hochzeit

Am Sonntag fahren wir nach Frankreich. Da ist eine große Hochzeit.

Alle kommen. Wir essen, trinken und tanzen. Die Hochzeit dauert bis

ein Uhr in der Nacht. Dann fahren wir zurück nach Deutschland. Um

drei Uhr gehen wir ins Bett.

Am Montag sind wir alle sehr müde bei der Arbeit und in der Schule.

Steht das im Text? Markieren Sie r (richtig) oder f (falsch):

1. Die Hochzeit ist in Holland.   r/f

2. Wir tanzen bei der Hochzeit.   r/f

3. Die Hochzeit dauert bis drei Uhr.   r/f

4. Am Montag sind wir fit.   r/f

5. Um vier Uhr gehen wir ins Bett.   r/f

Welche Buchstaben fehlen? Schreiben Sie:

1. D _ _ tschland   2. Ho _ _ and   3. Frankr _ _ ch

4. So _ _ tag   5. Mont _ _   6. Ho _ _ zeit

7. tan _ en   8. Arb _ _ t   9. Sonn _ _ g

Was passt zusammen? Schreiben Sie die Buchstaben:

1. Bett   2. Auto   3. Hochzeit   a. fahren   b. schlafen   c. tanzen

1	2	3

Morgens in der Stadt

.... geht morgens um acht Uhr durch die Stadt.

Viele Kinder gehen zur Schule. Viele Autos tanken an der Tankstelle

Benzin. Die Ampel ist rot. Alle Autos halten. ....

geht über den Platz. Dort sind viele Tauben.

Dann geht .... zur Schule. Dort beginnt der

Deutschkurs um acht Uhr fünfzehn.

Steht das im Text? Markieren Sie r (richtig) oder f (falsch):

1. .... geht abends um acht Uhr durch
   die Stadt.   r / f

2. Viele Autos tanken Benzin.   r / f

3. Die Ampel ist grün.   r / f

4. Viele Tauben sind auf dem Platz.   r / f

5. Der Deutschkurs beginnt um neun Uhr.   r / f

Antworten Sie auf die Fragen:

1. Wohin gehen die Kinder? Die Kinder ....

2. Was tanken die Autos? Die Autos ....

3. Wie ist die Ampel? Die Ampel ....

4. Wann beginnt der Deutschkurs? ....

Neue Kleider?

.... möchte eine Hose und einen Pulli kaufen.

Im ersten Geschäft findet sie schöne Sachen. Eine schwarze Hose und

ein rosa Pulli gefallen ihr. Aber sie sind viel zu teuer.

Im zweiten Geschäft gibt es billige Sachen. Aber die Farben gefallen

.... nicht.

Im dritten Geschäft findet sie eine schöne Hose. Der Preis ist in

Ordnung. Sie geht zur Kabine und probiert die Hose an.

Sie passt leider nicht.

Steht das im Text? Markieren Sie r (richtig) oder f (falsch):

1. .... will eine Hose und eine Bluse kaufen.   r/f

2. Im ersten Geschäft ist alles teuer.   r/f

3. Im zweiten Geschäft gibt es billige Sachen.   r/f

4. Im dritten Geschäft kauft sie eine Hose.   r/f

Ein Wort passt nicht. Markieren Sie:

1. Hose, Kabine, Bluse, Pulli, Kleid, Rock

2. Geschäft, Supermarkt, Preis, Schuhgeschäft, Kaufhaus

3. rot, rosa, schwarz, nett, gelb

4. kaufen, passen, gehen, schnell, bezahlen

Was spielen wir?

Sabine hat zwei Kinder. Sven ist fünf und Mia ist sieben Jahre alt. Sie wollen zusammen mit Puppen spielen. Mia kämmt ihrer Puppe die Haare. Dann macht sie das Radio an und die Puppen tanzen. Jetzt sind die Puppen müde und gehen schlafen. Mia und Sven spielen dann Domino. Sie machen eine Domino- Schlange. Es ist schon halb sieben. Mama ruft zum Abendessen.

Steht das im Text? Markieren Sie r (richtig) oder f (falsch):

1. Sven ist fünf Jahre alt.   r/f

2. Sven und Mia wollen zusammen Ball spielen.   r/f

3. Sven und Mia tanzen.   r/f

4. Die Musik kommt vom Radio.   r/f

5. Die Puppen gehen schlafen.   r/f

6. Papa ruft zum Abendessen.   r/f

Trennen Sie die Wörter in der Wortschlange und schreiben Sie sie ins Heft:

PuppeschlafenAbendessenPapaspielenwollenMamaspielensiebenfünf machenJahremüdesechsKartenBallzusammentanzengehenist Haarejetzt

Gute Nacht

.... will schlafen. Zuerst geht sie ins Badezimmer. Sie putzt die Zähne. Sie wäscht sich. Dann geht sie ins Schlafzimmer. Sie zieht ihren Schlafanzug an.

Sie stellt ihren Wecker für den nächsten Tag. Sie stellt eine Flasche Wasser neben das Bett. Sie hört noch ein bisschen Musik.

Jetzt liegt sie im Bett. Sie schaltet das Licht aus. Nach einigen Minuten schläft sie.

Steht das im Text? Markieren Sie r (richtig) oder f (falsch):

1. .... will aufstehen.   r/f

2. Sie putzt ihre Zähne.   r/f

3. Dann geht sie ins Kinderzimmer.   r/f

4. Sie zieht ihren Mantel an.   r/f

5. Sie stellt ihren Wecker.   r/f

6. Sie stellt eine Flasche Wein neben das Bett.   r/f

7. Nach zwei Stunden schläft sie.   r/f

Schreiben Sie die Sätze weiter:

1. Sie hört noch ein bisschen ....

2. Sie putzt ihre ....

3. Sie stellt ihren ....

Der Weg zur Arbeit

Alexander fährt mit dem Fahrrad zur Arbeit. Er braucht 15 Minuten, dann ist er bei der Post. Dort sortiert er Briefe und Päckchen.

Mustafa hat ein Auto. Damit fährt er 30 Minuten nach Mannheim. Er ist Zahnarzt und arbeitet in einer Praxis.

Sonja ist Frisörin von Beruf. Sie läuft 20 Minuten bis zum Frisörsalon. Dort wäscht sie Kunden und Kundinnen die Haare, sie schneidet, färbt und tönt die Haare.

Steht das im Text? Markieren Sie r (richtig) oder f (falsch):

1. Alexander fährt mit dem Bus zur Arbeit.   r/f

2. Alexander arbeitet bei der Post.   r/f

3. Alexander sortiert Müll.   r/f

4. Mustafa ist Augenarzt.   r/f

5. Mustafa arbeitet in einer Praxis.   r/f

6. Sonja ist Frisörin von Beruf.   r/f

7. Sonja läuft 40 Minuten zur Arbeit.   r/f

8. Sonja färbt Haare.   r/f

9. Sonja schneidet Zwiebeln.   r/f

Der Besuch

.... freut sich. Ihre Schwester kommt mit

dem Mann und den Kindern zu Besuch. .... hat

schon eingekauft und Kuchen gebacken. Heute Abend kommt der

Besuch. Alle essen zusammen.

Die Gäste schlafen im Wohnzimmer auf der Bettcouch.

Am nächsten Tag fahren sie in die Stadt. Sie gehen zum Schloss und

zum Park.

Das Wetter ist schön.

Steht das im Text? Markieren Sie r (richtig) oder f (falsch):

1. .... freut sich.   r / f

2. Ihr Bruder kommt zu Besuch.   r / f

3. Sie hat Kuchen gebacken.   r / f

4. Alle essen zusammen.   r / f

5. Am nächsten Tag bleiben sie zu Hause.   r / f

6. Sie gehen zum Schloss.   r / f

7. Es regnet.   r / f

Finden Sie 8 Wörter mit Doppelkonsonanten im Text:

kommt -

....

....

Hurra! Es ist Wochenende!

Frau Müller arbeitet im Supermarkt an der Kasse. Jeden Tag zählt sie Geld und räumt Waren ein. Am Samstag Abend macht sie Feierabend.

Ismail geht zum Deutschkurs. Jeden Tag lernt er neue Wörter. Er liest und schreibt. Es ist Freitag Mittag. Das Wochenende beginnt.

Hatice ist Hausfrau. Jeden Tag macht sie sauber und räumt auf. Sie kocht und spült. Sie wäscht und bügelt. Und am Wochenende? Alle haben auch am Wochenende Hunger.

Steht das im Text? Markieren Sie r (richtig) oder f (falsch):

1. Frau Müller arbeitet im Kino an der Kasse.   r / f

2. Frau Müller zählt das Geld.   r / f

3. Frau Müller hat am Freitag Wochenende.   r / f

4. Ismail lernt Deutsch.   r / f

5. Ismail liest und schreibt.   r / f

6. Hatice kocht einmal in der Woche.   r / f

7. Hatice bügelt die Wäsche.   r / f

8. Hatice hat am Wochenende frei.   r / f

Was passt zusammen? Schreiben Sie die Wörter ins Heft:

Wochen-	Deutsch-	Super-	Feier-	Kino-
-markt	-kasse	-ende	-kurs	-abend

31

Die neue Wohnung

Familie Kowalski sucht eine Wohnung. Die alte Wohnung ist zu klein.

Die Familie hat drei Kinder, zwei Jungen und ein Mädchen. Sie

brauchen vier Zimmer, ein Wohnzimmer und drei Schlafzimmer. Herr

Kowalski findet eine Wohnung in der Schillerstraße. Sie hat auch einen

Balkon. Die Küche ist groß und hell. Die Wohnung ist im ersten Stock.

Das Badezimmer ist blau.

Am Wochenende können Herr und Frau Kowalski die Wände neu

streichen.

Steht das im Text? Markieren Sie r (richtig) oder f (falsch):

1. Familie Kowalski sucht eine neue Wohnung.   r/f

2. Die Familie hat drei Kinder.   r/f

3. Herr Kowalski findet keine Wohnung.   r/f

4. Die neue Wohnung ist in der Bahnhofstraße.   r/f

5. Da ist auch ein Balkon.   r/f

6. Die Küche ist klein.   r/f

7. Am Wochenende können sie neu streichen.   r/f

Finden Sie 12 Wörter im Silbensalat:

Ka Kin der da la so Bal kon kan kla ko bal brau chen has Kü che chel

mal gung Woh nung Stra ße Sto Ste Ga Bahn hof hal her Ba de zim mer

mu zaWän sw Wän de se strei chen wen Wo chen en de da du do sla
Mäd chen

32

Was trägt Herr Meier?

Herr Meier arbeitet in einer Bank. Bei der Arbeit trägt er immer ein

helles Hemd, einen dunklen Anzug und eine bunte Krawatte.

Zu Hause zieht er sich schnell um und trägt dann Jeans und einen

Pulli. Er möchte es zu Hause bequem haben.

Am Wochenende hat er oft einen Jogginganzug an. Dann läuft er durch

den Park.

Im Urlaub fliegt er in die Karibik. Dort hat er die meiste Zeit nur eine

Badehose an.

Steht das im Text? Markieren Sie r (richtig) oder f (falsch):

1. Herr Meier arbeitet in einem Hotel.   r / f

2. Er trägt bei der Arbeit einen Anzug.   r / f

3. Seine Krawatten sind bunt.   r / f

4. Zu Hause möchte er es bequem haben.   r / f

5. Am Wochenende hat er oft einen Rock an.   r / f

6. Er läuft durch den Park.   r / f

7. Im Urlaub fährt er an den Bodensee.   r / f

8. Dort hat er meistens einen Taucheranzug an.   r / f

Das Baby ist da

Die Tochter von Fatma hat ein Baby bekommen. Das ist Fatmas Enkel. Er ist noch ganz klein. Die Nase, der Mund, die Augen und die Hände sind winzig klein. Das Baby will Milch trinken und viel schlafen.

Steht das im Text? Markieren Sie r (richtig) oder f (falsch):

1. Fatma hat ein Baby bekommen.   r/f

2. Die Nase ist klein.   r/f

3. Der Mund ist groß.   r/f

4. Das Baby will Kaffee trinken.   r/f

5. Babys schlafen viel.   r/f

Welche Buchstaben fehlen? Schreiben Sie:

Bab _   Kaff _ _   Mil _ _   En _ el   kl _ _ n

s _ _ lafen   v _ _ l   To _ _ ter   Na _ e   Mun _

H _ nde   Aug _ _   tri _ _ en   Fat _ _   wi _ _

Antworten Sie auf die Fragen. Schreiben Sie:

1. Wie ist die Nase? Die Nase ....

2. Was will das Baby? Das Baby ....

Am Himmel

Heute sind viele weiße Wolken am Himmel. Vielleicht regnet es später.

Manchmal ist der Himmel blau und die Sonne scheint.

In der Nacht sehen wir den Mond und die Sterne. Wie viele Sterne gibt es? Das weiß niemand.

Nach dem Regen kann man den Regenbogen sehen. Er hat alle Farben: gelb, orange, rot, lila, blau, grün ...

Steht das im Text? Markieren Sie r (richtig) oder f (falsch):

1. Heute sind viele schwarze Wolken am Himmel.   r/f

2. Manchmal ist der Himmel blau.   r/f

3. In der Nacht sehen wir die Sonne.   r/f

4. Ich weiß, wie viele Sterne am Himmel sind.   r/f

5. Nach dem Regen kann man den Wasserfall sehen.   r/f

6. Der Regenbogen hat drei Farben.   r/f

Ein Wort ist falsch geschrieben. Finden Sie den Fehler:

1. Nacht, Tag, Sonne, Mund

2. Wolken, Himel, Sterne, Regenbogen

3. weiß, rot, lila, swarz

4. Regenbogen, Waserfall, Farben, grün

In der Schule

.... macht einen Deutschkurs. Er kauft ein

Buch und ein Heft, einen Bleistift und einen Kuli.

Er schreibt mit dem Bleistift die Wörter ins Heft. Wenn etwas falsch ist,

kann er mit dem Radiergummi radieren. Wenn der Bleistift nicht mehr

schreibt, muss er ihn spitzen.

Der Lehrer schreibt an die Tafel. Die Schüler schreiben ins Heft.

Zu Hause macht .... Hausaufgaben.

Steht das im Text? Markieren Sie r (richtig) oder f (falsch):

1. .... lernt Deutsch.   r/f

2. Er kauft ein Kochbuch.   r/f

3. Er schreibt ins Heft.   r/f

4. Wenn etwas falsch ist, kann er es mit dem

   Kaugummi radieren.   r/f

5. Wenn der Bleistift nicht mehr schreibt, muss er
   ihn spitzen.   r/f

6. Der Lehrer schreibt an die Wand.   r/f

7. Die Schüler schreiben auf den Tisch.   r/f

8. Zu Hause macht .... Hausaufgaben. r/f

Das Wohnzimmer

In meinem Wohnzimmer ist es gemütlich. Abends sitze ich auf dem Sofa. Ich schalte den Fernseher an. Die Lampe ist an. Auf dem Tisch liegt Schokolade. Auf dem Regal sind Pflanzen und Vasen. And er Wand sind Bilder und Fotos. Meine Katze sitzt auch auf dem Sofa. Sie schläft.

Manchmal schlafe ich auch.

Steht das im Text? Markieren Sie r (richtig) oder f (falsch):

1. Morgens sitze ich auf dem Sofa.   r/f

2. Die Lampe ist kaputt.   r/f

3. Auf dem Tisch ist Schokolade.   r/f

4. Auf dem Regal sind CDs.   r/f

5. An der Wand sind Fotos.   r/f

6. Mein Hund sitzt auch auf dem Sofa.   r/f

7. Manchmal schlafe ich auch.   r/f

Schreiben Sie wie im Beispiel:

1. schlafen – Ich schlafe.

2. sitzen – Ich ....

3. liegen – Ich ....

4. schalten – Ich ....

Silvester

Am **31. Dezember** ist Silvester. Das alte Jahr ist zu Ende. In der Nacht um **24 Uhr** beginnt das neue Jahr. Viele Leute feiern den Beginn. Sie kaufen **Raketen und Feuerwerk**. In der Silvesternacht ist es sehr laut. Kurz vor 24 Uhr warten viele Leute mit einem Glas **Sekt** in der Hand. Dann stoßen sie an und sagen: „Prost Neujahr!"   „Alles Gute zum neuen Jahr!"

„Viel Glück und Gesundheit!"

Steht das im Text? Markieren Sie r (richtig) oder f (falsch):

1. Silvester ist am 30. Dezember.   r / f

2. Das alte Jahr ist zu Ende.   r / f

3. Das neue Jahr beginnt um 23 Uhr.   r / f

4. Viele Leute kaufen Raketen.   r / f

5. In der Silvesternacht ist es laut.   r / f

6. Die Leute sagen: „Prost Mahlzeit!"   r / f

7. Man sagt: „Alles Gute zum neuen Jahr!"   r / f

8. Man wünscht viel Glück und Gesundheit.   r / f

Setzen Sie das richtige Wort ein:

1. Zu Silvester ist das alte Jahr zu _ _ _ _ .

2. In der _ _ _ _ _ _ _ _ _ _ _ _ _ _ ist es sehr laut.

3. Um 24 _ _ _ beginnt das neue Jahr.

Karneval

Es ist Februar. Heue ist Rosenmontag. Gabi verkleidet sich als

Prinzessin, Peter ist ein **Pirat**. Beide gehen zusammen zum Karneval.

Gabi hat ein langes rosa Kleid an und eine goldene Krone auf dem

Kopf. Peter hat ein **Schwert** aus Plastik und ein rotes Halstuch.

Auf der Straße sind auch viele Leute verkleidet. Da sind Hexen,

Cowboys und Indianer. Helau!

Steht das im Text? Markieren Sie r (richtig) oder f (falsch):

1. Es ist Januar.   r/f

2. Gabi geht als Prinzessin.   r/f

3. Gabi hat ein kurzes Kleid an.   r/f

4. Die Krone ist auf dem Kopf.   r/f

5. Peter hat ein Schwert.   r/f

6. Das Halstuch ist schwarz.   r/f

7. Da sind auch Hexen.   r/f

8. Zum Karneval rufen die Leute: „Helau!"   r/f

Welche Buchstaben fehlen? Schreiben Sie:

Prin _ essin   Schwe _ _   He _ e   Rosenmon _ _ _

Karne _ al   Kro _ e   Halstu _ _   Stra _ e

L _ ute   Cowbo _ s   Indi _ ner   zusa _ _ en

Es schneit

.... wacht am Morgen auf und schaut aus dem Fenster. Alles ist weiß! Endlich hat es geschneit. Und dicke Flocken Schnee fallen vom Himmel.

Eine Stunde später sind viele Kinder draußen und bauen einen **Schneemann**. Sie rollen dicke Kugeln aus Schnee für den Bauch und den Kopf. Auf den Kopf setzen sie eine Mütze und machen ein Gesicht aus Steinen. Eine Karotte ist die Nase.

Mittags scheint die Sonne und es wird wärmer. Der Schneemann wird kleiner. Dann ist er weg!

Steht das im Text? Markieren Sie r (richtig) oder f (falsch):

1. .... wacht am Morgen auf
   und schaut in den Kühlschrank.   r/f

2. Alles ist weiß.   r/f

3. Dicke Flocken Staub fallen vom Himmel.   r/f

4. Es hat geschneit.   r/f

5. Die Kinder bauen einen Schneemann.   r/f

6. Sie rollen dicke Kugeln aus Teig.   r/f

7. Eine Karotte ist die Nase.   r/f

8. Mittags scheint die Sonne.   r/f

Erster Advent

Heute ist erster Advent. Vier Sonntage vor Weihnachten.

………………………………… kauft einen **Adventskalender** für die Kinder.

Da sind viele kleine Türen. Vom ersten bis zum 24. Dezember gibt es

jeden Tag ein Stück Schokolade.

………………………………… kauft auch einen **Adventskranz** mit vier

roten Kerzen. Heute Abend brennt die erste Kerze. Wir singen

Adventslieder. Nächsten Sonntag brennen zwei, dann drei, dann vier.

Dann ist Weihnachten.

Steht das im Text? Markieren Sie r (richtig) oder f (falsch):

1. Der erste Advent ist ein Sonntag.   r/f

2. Auf dem Adventskranz sind sieben Kerzen.   r/f

3. Der Adventskalender hat 24 Türen.   r/f

4. Die Kinder finden Schokolade hinter jeder Tür.   r/f

5. Die Kerze brennt und wir singen Kinderlieder.   r/f

6. Am zweiten Advent brennen zwei Kerzen.   r/f

7. Der vierte Advent ist der Sonntag vor Weihnachten.   r/f

Ein Wort passt nicht. Markieren Sie:

1. brennen, singen, finden, Tür
2. Weihnachten, Karneval, Adventskalender, Kerzen
3. Sonntag, Montag, Schokolade, Freitag

Auf dem Weihnachtsmarkt

……………………………………………… geht mit ihren Kindern zum

Weihnachtsmarkt. Es ist erst 17 Uhr, aber es ist schon dunkel. Viele

Lichter leuchten an den Ständen. Jeder Stand ist schön mit

Tannengrün, Kugeln und Schleifen geschmückt. Hier ist ein Stand mit

Waffeln und Glühwein. Die Kinder essen eine Waffel und trinken

Kinderglühwein ohne Alkohol. Dann sehen sie nach den anderen

Ständen. Da gibt es Dekoration, Marmelade und Honig, Spielsachen

und vieles andere ……………………………………… kauft den Kindern

eine **Glaskugel**. Wenn man sie schüttelt, schneit es in der Kugel.

Steht das im Text? Markieren Sie r (richtig) oder f (falsch):

1. .... geht zum Gemüsemarkt.   r / f

2. Es ist noch hell.   r / f

3. Die Stände sind schon geschmückt.   r / f

4. Kinderglühwein ist mit Alkohol   r / f

5. Es gibt auch Spielsachen.   r / f

6. .... kauft nichts.   r / f

7. Man kann auch Honig kaufen.   r / f

8. Wenn man die Kugel schüttelt, klingelt es.   r / f

Schreiben Sie zusammengesetzte Wörter ins Heft:

Weihnachts-   Gemüse-   Super-   Floh-   -markt   -markt   -markt
-markt

_____

Anmerkungen für Lehrende:

Zur Neuauflage: *Alle Texte und fast alle Aufgaben sind gleich geblieben, damit Personen mit älteren Bücher mit anderen Personen mit neuen Büchern zusammenarbeiten können.*

Was hat sich verändert?
- *Die Schrift: Das a ist offen (nicht a), was für Leseanfänger günstiger ist.*
- *Die Arbeitsanweisungen sind neu gestaltet.*
- *Bei landeskundlichen Themen erleichtern Zeichnungen die Erklärung des Wortschatzes.*

Zielgruppe: *Erwachsene Lese- und Schreibanfänger, zum Beispiel in Integrationskursen oder anderen Deutschkursen.*

Inhalte: *Die Geschichten sind möglichst nah an der Erfahrungswelt der Tn angesiedelt, bereiten aber auf Themen in der Stufe A1 des Europäischen Referenzrahmens vor.*

Blanko-Namen: *In vielen Geschichten sind die Namen noch einzutragen, es können Namen aus der Klasse eingesetzt werden. Das erhöht die Aufmerksamkeit und das Interesse sehr.*

Als **Zusatzmaterial** *sind die Geschichten gut geeignet. Zu A1-relevanten Themen, zur Landeskunde, als Leseübung oder als Hausaufgabe, sie sind vielfältig einsetzbar.*

Ich wünsche allen Lernenden und Lehrenden viel Freude und Erfolg!

Gisela Darrah